国家出版基金项目
NATIONAL PUBLICATION FOUNDATION

记住乡愁

——留给孩子们的中国民俗文化

刘魁立◎主编

民间游戏辑

朱佳艺◎编著

角色游戏

本辑主编 陈连山

黑龙江少年儿童出版社

编委会

序

亲爱的小读者们，身为中国人，你们了解中华民族的民俗文化吗？如果有所了解的话，你们又了解多少呢？

或许，你们认为熟知那些过去的事情是大人们的事，我们小孩儿不容易弄懂，也没必要弄懂那些事情。

其实，传统民俗文化的内涵极为丰富，它既不神秘也不深奥，与每个人的关系十分密切，它随时随地围绕在我们身边，贯穿于整个人生的每一天。

中华民族有很多传统节日，每逢节日都有一些传统民俗文化活动，比如端午节吃粽子，听大人们讲屈原为国为民愤投汨罗江的故事；八月中秋望着圆圆的明月，遐想嫦娥奔月、吴刚伐桂的传说，等等。

我国是一个统一的多民族国家，有 56 个民族，每个民族都有丰富多彩的文化和风俗习惯，这些不同民族的民俗文化共同构筑了中国民俗文化。或许你们听说过藏族长篇史诗《格萨尔王传》

中格萨尔王的英雄气概、蒙古族智慧的化身——巴拉根仓的机智与诙谐、维吾尔族世界闻名的智者——阿凡提的睿智与幽默、壮族歌仙刘三姐的聪慧机敏与歌如泉涌……如果这些你们都有所了解，那就说明你们已经走进了中华民族传统民俗文化的王国。

你们也许看过京剧、木偶戏、皮影戏，看过踩高跷、耍龙灯，欣赏过威风锣鼓，这些都是我们中华民族为世界贡献的艺术珍品。你们或许也欣赏过中国古琴演奏，那是中华文化中的瑰宝。1977年9月5日美国发射的"旅行者1号"探测器上所载的向外太空传达人类声音的金光盘上面，就录制了我国古琴大师管平湖演奏的中国古琴名曲——《流水》。

北京天安门东西两侧设有太庙和社稷坛，那是旧时皇帝举行仪式祭祀祖先和祭祀谷神及土地的地方。另外，在北京城的南北东西四个方位建有天坛、地坛、日坛和月坛，这些地方曾经是皇帝率领百官祭拜天、地、日、月的神圣场所。这些仪式活动说明，我们中国人自古就认为自己是自然的组成部分，因而崇信自然、融入自然，与自然和谐相处。

如今民间仍保存的奉祀关公和妈祖的习俗，则体现了中国人崇尚仁义礼智信、进行自我道德教育的意愿，表达了祈望平安顺达和扶危救困的诉求。

小读者们，你们养过蚕宝宝吗？原产于中国的蚕，真称得上伟大的小生物。蚕宝宝的一生从芝麻粒儿大小的蚕卵算起，中间经历蚁蚕、蚕宝宝、结茧吐丝等过程，到破茧成蛾结束，总共四十余天，却能为我们贡献约一千米长的蚕丝。我国历史悠久的养蚕、丝绸织绣技术自西汉"丝绸之路"诞生那天起就成为东方文明的传播者和象征，为促进人类文明的发展做出了不可磨灭的贡献！

小读者们，你们到过烧造瓷器的窑口，见过工匠师傅们拉坯、上釉、烧窑吗？中国是瓷器的故乡，我们的陶瓷技艺同样为人类文明的发展做出了巨大贡献！中国的英文国名"China"，就是由英文"china"（瓷器）一词转义而来的。

中国的历法、二十四节气、珠算、中医知识体系，都是中华民族传统文化宝库中的珍品。

让我们深感骄傲的中国传统民俗文化博大精深、丰富多彩，课本中的内容是难以囊括的。每向这个领域多迈进一步，你们对历史的认知、对人生的感悟、对生活的热爱与奋斗就会更进一分。

作为中国人，无论你身在何处，那与生俱来的充满民族文化DNA 的血液将伴随你的一生，乡音难改，乡情难忘，乡愁恒久。这是你的根，这是你的魂，这种民族文化的传统体现在你身上，是你身份的标识，也是我们作为中国人彼此认同的依据，它作为一种凝聚的力量，把我们整个中华民族大家庭紧紧地联系在一起。

《记住乡愁——留给孩子们的中国民俗文化》丛书，为小读者们全面介绍了传统民俗文化的丰富内容：包括民间史诗传说故事、传统民间节日、民间信仰、礼仪习俗、民间游戏、中国古代建筑技艺、民间手工艺……

各辑的主编、各册的作者，都是相关领域的专家。他们以适合儿童的文笔，选配大量图片，简约精当地介绍每一个专题，希望小读者们读来兴趣盎然、收获颇丰。

在你们阅读的过程中，也许你们的长辈会向你们说起他们曾经的往事，讲讲他们的"乡愁"。那时，你们也许会觉得生活充满了意趣。希望这套丛书能使你们更加珍爱中国的传统民俗文化，让你们为生为中国人而自豪，长大后为中华民族的伟大复兴做出自己的贡献！

亲爱的小读者们，祝你们健康快乐！

二〇一七年十二月

目　录

角色游戏的基本知识

| 角色游戏的基本知识 |

一、 什么是角色游戏

角色游戏又称模仿游戏、社会性游戏或装扮游戏，指的是孩子们通过扮演角色，以模仿、想象等方式表现生活的游戏。角色游戏的内容极为丰富，规则相对灵活，充分体现儿童的创造力和想象力。

模仿是孩子们的天性。在出生后的一两年里，儿童就开始尝试摆弄身边的各种物件。过了几年，他们还会试图进行"行为的迁移"。比如，他们本来是给自己梳头，此时却开始学着给洋娃娃梳头；本来是用小木梳梳头，如今却开始尝试用小木棒做同样的动作。再大一点儿，儿童就逐渐学会与他人交际。这时候，儿童往往喜欢对他们生活中最接近、最喜欢的人物进行模仿，在日常生活、游戏中扮演起妈妈、爸爸、老师、司机、医生等角色。这些模仿、扮演的行为积累到一定程度，就形成了角色游戏。由此可见，角色游戏源于客观外界和现实生活。

在各种各样的儿童游戏中，角色游戏或许是最为复杂的一类。这主要是因为在玩角色游戏的时候，儿童不单单扮演角色本身，还可以从游戏的主题生发联想，引

| 儿童模仿妈妈
抱"娃娃" |

入许多其他种类的游戏，并将其融入角色扮演的过程之中。举个例子，"娶媳妇"往往有个"抬花轿"的环节，而在此过程中，孩子们经常不知不觉地沉浸在用双手抬"轿子"玩耍的兴奋心情里，开始赛跑甚至打闹起来。

可见，要判断哪些游戏是角色游戏，明确每一种游戏的主题是很有必要的。

一般来讲，角色主题可以用两种方法来分类：一种是根据剧情来区分，也就是把具有同类行动、相似事件的游戏划归一类，如"过家家""招待客人"等；另一种则是根据游戏中的"角色"和"身份"来区分，如"医生和病人""寄小狗""捉强盗"等。值得注意的是，尽管游戏的剧情和角色往往密切相关，但有些角色游戏可能是完全没有故事情节的。孩子们仅仅通过想象自己成为某种角色，并且做些相应的事情，就可以获得一定的玩耍乐趣了。美国作家弗朗西斯·伯内特的文学名著《小公主》中有这样一段情节：

"我要到那里去，"她喊道，"我——在这所学校里没有妈妈。"

萨拉意识到这是危险的信号，从梦幻中清醒过来。她握住那胖乎乎的小手，把洛蒂拉到身边，面带笑容哄劝起来。

"我会做你的妈妈，"她说，"我们一起玩，你就是我的小女孩儿，埃米莉就是你的妹妹。"

听萨拉这样说，洛蒂的一对酒窝全都显现出来了。

"她愿做我的妹妹吗？"洛蒂问。

"是啊，"萨拉回答，说着一跃而起，"我们现在就去告诉她。然后我给你洗脸梳头。"

洛蒂欣然答应，跟着萨拉一起跑出房间上楼去，似乎已不记得刚才整整一小时的悲剧是由于她拒绝在午饭前梳洗而请来铭钦女士施展权威的缘故。

在这个故事中，洛蒂是个幼年丧母的小女孩儿，她从懂事开始就极度渴望母爱，每天又哭又闹。善良的好朋友萨拉想出了一个聪明的办法：自己来当洛蒂的"妈妈"，洋娃娃埃米莉就当洛蒂的妹妹。这个办法果然让洛蒂破涕为笑。其实，这就是一个角色游戏最初步、最基本的形式，萨拉和洛蒂只需扮演"母亲"和"女儿"的角色。扮演母亲的萨拉会根据自己的想象，为洛蒂做一些本来是由母亲完成的事情，比如给她洗脸梳头……扮演女儿的洛蒂也会乖乖听萨拉的话，并且享受萨拉的关爱。像这样的角色游戏不一定有什么固定的情节，但是两个人通过想象彼此的"母女关系"，获得了游戏带来的快乐。

从年龄段上来讲，儿童大概从三岁开始玩角色游戏，到了十二三岁，玩角色游戏的行为就渐渐消失了。这种"消失"其实和儿童现实幻想的发展有关：一方面，孩子们虽然在成长为少男少女之后减少了玩角色游戏的行为，但那种渴望"角色扮演"的心理却仍然没有消退——幼时玩闹中的角色扮演此时转换为对远大人生目标、职业理想或者浪漫幻想的真正追求。而另一方面，

从游戏本身来看，取代角色游戏的往往是规则更加明确的竞争游戏或戏剧表演活动。在童年结束之后，这些竞争游戏和表演活动延续了他们的游戏心理和模仿心理。

二、角色游戏中的"角色"

总体来讲，角色游戏中的"角色"主要有三个类别：家庭角色、特征角色和功能角色。

家庭角色是最为常见的，也是最重要的。全世界的儿童都爱玩的"过家家"游戏，其基本角色就是家庭角色。一般来讲，家庭角色以小家庭里的人物居多，如爸爸、妈妈和孩子，以及兄弟姐妹等等。祖父、祖母、叔叔、伯伯等亲戚则比较少见。有时候，家里的宠物或者毛绒

玩具也被用来充当角色。

在选择自己扮演什么样的家庭角色时，儿童通常会结合自己的性别来考虑。男孩儿一般扮演父亲、哥哥，女孩儿则扮演母亲、姐姐等。如果反过来，参与游戏的儿童就会受到嘲笑，尤其是男孩子。因此，性别角色往往是相对固定的。

年龄也是决定角色选择的因素之一。幼儿通常只知道扮演爸爸、妈妈和宝宝，大一点儿的孩子则能够分配出哥哥、姐姐等各种不同的角色，甚至加入叔叔、伯伯等亲戚，编出与亲戚通话、到亲戚家串门等情节。不过，不论何时，成人角色都是比小孩儿角色更受欢迎的，毕竟，孩子们要过一把"当大人"的瘾。

与家庭角色不同，特征角色则代表着家庭之外的一

|儿童扮演家庭角色|

种"职业"或"社会身份"，比如医生（护士）、司机（售票员）、厨师（服务员），以及警察、强盗、士兵、邮递员等等。这些职业人士的行为一般遵循固定的模式，

他们的工作也局限于不多的几种，因此比较容易模仿。不过，有时候孩子们虽然扮演某种特征角色，却不一定真的模仿相应的职业活动，比如一个孩子可以对小伙伴们宣布自己是"警察"，接下来却并不做"抓坏人"的游戏。因为，仅仅是扮演警察，就让他感到满足了。

功能角色则是第三种分类方法，它指的是一个特定场景之下，两个或多个参与游戏的孩子进行的不同分工，这些分工必须彼此配合，才能顺利完成游戏。比如，"扮医生"游戏里，一个孩子当医生，另一个孩子就必须当病人，第三个孩子则可以当护士。"过家家"游戏里，一个女孩可以扮演妈妈，与此同时她还可以有一个社

会职业，比如服务员。分配功能角色是很有趣的，孩子们往往需要经过一番争执、讨论才能确定彼此在游戏中承担的功能，比如，人人都想当驾驶车辆的司机，而不想当没意思的乘客，这时候，孩子们就要通过协商，或者通过猜拳等方式决定谁当哪个角色。如果一直争执不下，游戏就没法玩了。

孩子们偶尔还会把毛绒玩具、布娃娃甚至小宠物拟人化，让它们担任一些功能角色。比如他们会拿着一个玩具小狗说："你好，我是家里的小狗，我叫小白。"鄂伦春族儿童在"阿尼汉特"（过家家）游戏中，就很喜欢用玩偶来替代真实的人物角色。

三、 角色游戏的基本结构

角色游戏的基本结构一

9

般分为如下三个部分：第一部分，孩子需要明确自己的角色和身份，即"我扮演谁"。第二部分，孩子们将周围的物品和场景设计成游戏需要的样子，如把布头做成玩偶，把泥土捏成饭菜，把大方桌想象成"家"等等。第三部分，孩子们要列出一个故事的大概情节，如做"寄小狗"游戏讲些什么歌谣，怎样算是结束，等等。

首先，孩子们需要建构角色和场景，这有赖于儿童的想象。通过想象，儿童把"这里"的"我"转换成"那里"的"成人"，把"真实的泥土"转换成"假想的食物"。在转换发生的前后，角色游戏就搭好了框架。

这种"转换"通常发生在两个时刻：游戏的开头和

结尾。玩角色游戏的时候，小孩子首先需要向玩伴们说明他现在扮演的是什么角色，以便展开接下来的情节；而在游戏结束的时候，孩子们也往往需要声明自己停止扮演，才不至于引起以后的误会。比如说，在"过家家"游戏开始的时候，孩子们会说："这不是一片树叶啦，这是我们要吃的菜。"而在一个扮演动物的游戏结束之时，孩子们也会声明："我现在不是小狗了。"在孩子们心中，这种"真实"与"假扮"的区分，是非常重要的。没有这种区分，角色游戏就玩不下去。

而在开始和结束之间，为了让游戏愉快地进行，儿童必须要用他所扮演的那种角色的语气说话，用角色的动作和姿势完成各种行为，这些都与孩子的日常状态有所区别。比如，"过家家"中的小姑娘如果扮演妈妈，就常常用一种严厉的语气责怪她的"娃娃"为什么不"吃饭"或者"睡觉"；如果是扮演孩子呢，则会用一种婴儿般的语气跟扮演父母的小伙伴撒娇。相应地，扮演爸爸的小男孩儿，也要表现出一家之主的行为和态度。再比如，玩职业游戏的孩子们需要用医生、护士或者公交车司机的语气来说话，并且煞有介事地模仿工作中需要完成的一切任务。由此可见，"扮演"活动在角色游戏中居于核心地位。

接着，孩子们要设计游戏情节。儿童是很聪明的，当他们试图去扮演一种角色

| "做饭喽！" |

| 贵州儿童的角色游戏"扮姨妈" |

的时候，他们的脑海中就大致有了关于这种角色"该做什么"的设计，好像脑海中有一张流程图似的。只要几个孩子聚在一起稍微讨论一下，或者在游戏过程中给点提示，他们就能够把游戏顺顺当当地玩下去。

角色游戏的情节通常包括做饭、吃饭、买东西、看病、出行、打电话等，每个情节都需要不同的角色来参与。有时候，儿童只挑其中一个情节来玩，但更多的时候是把好几个情节合起来变成一个游戏，比如先去买菜，再招待客人，接着做饭，然后吃饭。游戏的时间越长，情节越丰富，儿童所转换的角色身份也就越多。

不过，角色游戏的情节并不一定严格模仿生活，越是年龄小的孩子，越有可能将生活中许多不同的场景结合起来，在同一个游戏中进行模仿，甚至发明一些独特的行为。这些行为并不是他们实际观察到的，而是他们推断或想象出来的。比如，哈尼族儿童在玩"栽南瓜"游戏的时候会跳些舞蹈动作，但真实的农业劳动往往是不跳舞的。在这个游戏里，哈尼族儿童显然是将成年人的娱乐和劳动结合在一起了。可见，角色游戏的过程往往是很随机的。

尽管游戏整体有很大的随机性，不过孩子们在设计情节的时候，还是要遵循某些规则的。

第一，孩子们非常看重设计可以接受、容易玩得起来的情节，对于他们来讲，扮演熟悉的角色（如爸爸、妈妈）要比模仿不熟悉的角色（如消防员）更加顺利，也更加有趣。不过，的确有一些孩子乐于模仿不那么熟悉、甚至根本没见过的角色（如巫婆），从中获得玩耍的乐趣。

第二，孩子们会根据手头能够拿到的物品道具来设计游戏情节。比如，家里有张大方桌，孩子们就会立刻

| 正在设计游戏情节的儿童 |

把它作为"家";如果谁有一套小锅、小碗,那么玩"做饭"游戏就再好不过了。不过,另一方面,一旦游戏情节被确定下来,那么道具也可以随时根据情节进行"转换"。比如,当孩子们想玩"照相馆"的游戏时,他们可以随手拿起一个小塑料盒来当"照相机",而不去考虑它原有的功能。一物多用也是很常见的,一个手电筒可以在"警察抓小偷"的时候当手枪用,也可以当"救火"游戏中的消防水枪,甚至"扮医生"时候的听诊器。总体来讲,儿童的想象力越丰富、见识越广,同一种游戏道具

| 随处有道具 |

的"变化"就越多。

第三，孩子们设计的游戏方案并不是一成不变的，而是根据情况随时可以调整的。在"过家家"游戏中，"妈妈"需要询问"孩子"吃不吃某种食品，如果"孩子"选择不吃，她就不做了。如果"孩子"突然假装自己生病，"妈妈"必须要带他去医院看病。而到了"医院"，"妈妈"要听"医生"的诊断，扮演医生的孩子会根据自己的想象开出不同的药方，给出不同的护理方案。不过，这些情节上的调整不能和儿童心目中的日常生活相冲突。在游戏中，如果谁做"错"了，小朋友们会马上指出来。比如在"做饭"游戏中，尽管道具都是一些小石头、小树叶，但若是配错了调料，

孩子们马上就会提出抗议，让"厨师"修正。

在角色游戏中，儿童的"扮演"活动有时候细致、逼真，有时候又简略、抽象。

扮演活动的细致性，体现于孩子们严格按照角色身份说话。这一点，需要他们在生活中进行长期、细致的观察，并且在表演中极尽可能地贴近细节才做得到。比如，扮演妈妈的小女孩对自己的"孩子"说话时，往往使用很短、很简单的句子，并且加上各种爱称："这是宝宝的饭饭，这是妈妈的饭饭。"或者重复同样的意思："你饿吗，宝宝？你饿了，是的，你肯定饿了。"这是因为，在进入角色游戏的时候，小姑娘会不自觉地回忆起妈妈对她说话的语气，并

且尽力按原样表演出来。

另一方面，孩子们在玩角色游戏的时候，又常常省略一些细节。比如，孩子们喜欢玩"串亲戚"，但是不一定喜欢之前和之后漫长的准备活动，因此，他们可能会省略坐车、走路去亲戚家的过程，花几秒钟直接从"自己家"来到"客人家"就算到达了。又比如，孩子们扮演婚礼上的人物的时候，可能会让新娘做这做那，但真实生活中新娘未必需要做这些事情，那些情节完全只是孩子们一厢情愿的想象。可见，扮演行为是很抽象的。

总之，角色游戏的过程是随机的，而情节上又是有一定规则的。这些都是角色游戏千变万化的魅力所在。

四、 初级和高级角色游戏

根据角色游戏的基本定义，可将角色游戏分为初级的"即兴型角色游戏"和高级的"规则型角色游戏"两类。

即兴型角色游戏依赖于儿童的即兴设计，他们不必遵守既定的规则，一般来讲也不用念指定的儿歌，只需要根据自己日常的观察和想象尽情发挥即可。这类游戏包括"过家家""串亲戚""娶媳妇"和一些职业角色的扮演游戏。它们的历史十分悠久，而各个时代、各个地区、各个民族的儿童，都会根据自己的生活创造出千变万化的玩法，本书所收录的，只是其中的典型案例。更多的玩法，则有待聪明的小朋友们自己尽情发挥。

另一方面，有些角色游戏最开始可能也是儿童即兴创作的产物，但经过千百年的发展，这些游戏的对话、玩法慢慢固定了下来，具有了一些特定的规则，我们称其为"规则型角色游戏"。这类游戏包括"垒瓜瓜园""种南瓜""锔锅""筛罗罗""寄小狗""捉强盗"等。在规则型游戏中，孩子们需要按照已有的设计扮演角色，角色之间的对话也必须按照一定的流程进行。此类游戏往往伴随成文的儿歌。如果哪个小朋友念错了、玩错了，还会被其他小朋友纠正一番。因此，规则型角色游戏比较适合年龄大一点儿、智力发育更为成熟的儿童玩耍，我们称其为"高级"类别。

｜清代乾隆年间的"粉彩婴戏百子图"｜

老人们经常用一句俗语说孩子:"山里猴——见咋就咋。"角色游戏正是满足了儿童喜爱模仿、善于模仿的天性。而在模仿中探索生活、学到知识,也是儿童成长的必经之路。因此,以模仿为基础的角色游戏,是分布最广泛、最具有典型性,也是历史最为悠久的传统游戏之一。在后面的内容中,将对我国最典型的几种角色游戏逐一详细介绍。

初级：即兴型角色游戏

| 初级：即兴型角色游戏 |

一、过家家

"过家家"又叫"娃娃家""过生活"等，是角色游戏的一种基本形式。在我国广大的城市和乡村中，孩子们结合自己的生活环境，创造了各种各样的玩法，让游戏充满了童真、童趣。

"过家家"游戏在我国已有数千年的历史，最早的记载可以追溯到先秦时期。战国时代的法家经典著作《韩非子》中有这样一句话："夫婴儿相与戏也，以尘为饭，

| 千载不变的 "过家家" |

以涂为羹，以木为胾，然至日晚必归饷者，尘饭涂羹可以戏而不可食也。"这句话的意思是说，小孩子一起做游戏的时候，拿尘土当饭菜，拿泥水当汤汁，拿木头当肉块，但是晚上却一定要回家吃饭，因为尘土做的饭虽然能玩，却不能成为真正的食物。《韩非子》中这条看似无心的记载，为我们留下了两千三百多年前儿童玩"过家家"游戏的珍贵资料。

历史虽然经过数千年的变迁，"过家家"游戏的形式和内容却呈现出惊人的稳定性。在今天，"过家家"游戏的基本形式仍然像《韩非子》中所记载的那样，是孩子们模仿家中大人进行日常活动的游戏，其中又以煮饭做菜、招待客人为重点。

儿童聚集在一起玩"过家家"的时候，首先要做的是分配角色。孩子们根据自己的兴趣，有的当爸爸妈妈，有的当哥哥姐姐、弟弟妹妹，人数多的时候，还会出现爷爷奶奶、姥姥姥爷、叔叔婶婶、姑姑阿姨等角色，好不热闹。接着，孩子们就开始为游戏做一些前期准备。一般来讲，乡村地区的儿童更注重找个合适的地方"安家"，而城里的儿童则喜欢搜集各种各样的玩具当作游戏中的道具。

在乡村，玩"过家家"的孩子们往往把"家"安在正房屋檐下的一头，或者大门过道、院子里靠树靠墙的去处等，并用小板凳围起来。而在有条件的人家，儿童的"家"还可以被安排在居室里的大方桌子底下。农村民居的屋子里往往有这么一张大方桌子，它又称"八仙桌"，两旁有两把椅子，靠后的地方则有个"条几"（一种用来摆放装饰品的长条形桌子）。平日里，八仙桌上一般是空着的，或者仅仅放些茶具，桌子底下则形成了一个对小孩子来说十分宽裕的空间。在玩"过家家"的时候，孩子们就置身其中，将桌板当作屋顶，将四周的椅子当作栏杆、墙壁，在桌子下可以坐，可以半蹲着走，也可以伸直腿躺下来。对于小孩子来讲，这个既隐蔽又宽敞的空间真是个玩"过家家"游戏的绝妙地点。

还有些机智的孩子不满足于迁就现有的条件，他们利用乡村田间地头的碎砖瓦自己搭建"房子"。利用一些零零碎碎的砖石、瓦片甚至树枝果核，孩子们可以垒一栋有门窗、有屋顶、有围墙、有小院子的"房子"，至于"房子"的具体设计，就尽可能地发挥丰富的想象力了。虽然"房子"不能住人，但孩子们的美好想象已

| 搭建"小房子" |

经在建房子的过程中得到充分显现。

与农村地区的儿童相比，城市里的孩子一般不具备在非常宽敞的区域"安家"的条件，于是他们把兴趣放在了搜罗玩具上。早在宋代，吴自牧的《梦粱录》中就记载了南宋小孩子的"罐儿、碟儿、小酒器"等过家家玩具。台湾民俗学家郭立诚的《寓教于玩——北平小孩的手工艺》一文也提到，从前北京城庙会上卖很多泥烧的小锅小碗，可以用来玩"过家家"。时至今日，孩子们的玩具更加丰富，他们尽情地发挥想象力，让家里的小盒子、小玻璃瓶变成"餐具"，玩具摊上买来的小锅、小勺、小盆儿变成"炊具"，外面捡来的树叶子、小树枝、小石子变成"蔬菜"，家里的小布头、小纸片则变成要洗的"衣服"。

待道具准备好，孩子们

| 当代"过家家"玩具 |

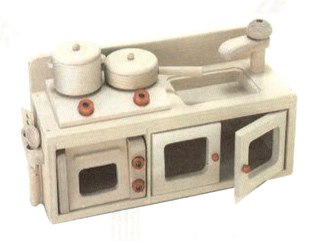

就开始编创游戏情节了。"过家家"游戏的主要情节一般包括大人们生活中最常见的买菜做饭、洗衣服、哄孩子等，参与游戏的儿童一会儿在碗里放些树叶子，表示炒菜吃饭，一会儿搓搓小布头，表示洗衣服。有时候，乡村里的儿童还模仿成年人日常的劳动——男孩子出门"劈柴担水"，或者"种瓜种豆"，女孩子则用几块砖头搭起灶台，填充"柴火"煮起"饭菜"。在"繁忙"的间隙里，他们也不忘拍拍洋娃娃，表示哄孩子，或者聚在一起讲讲故事，表示劳动之后的闲聊。

"五十六个民族，五十六枝花"，和汉族儿童一样，我国众多少数民族的孩子们也喜欢玩"过家家"游戏。因为各民族的生活方式不同，所以，各族儿童的角色游戏也不同。比如，鄂伦春族、达斡尔族是狩猎民族，因此他们的"过家家"就跟农耕民族的很不一样。

鄂伦春族儿童把"过家家"游戏称作"阿尼汉特"。"阿尼汉特"游戏至少需要两个人参与，多则不限。玩之前，孩子们先用五颜六色的布头、皮边、鱼骨、兽骨、禽羽和杂草做成许多娃娃，并根据不同的形状，将娃娃分出年龄、性别，女娃娃还要扎小辫或者做头饰。准备好娃娃之后，孩子们用草棍儿、树枝、桦树皮等盖起"斜仁柱"（一种东北游牧民族居住的尖顶屋），并按鄂伦春族的习惯把"室内"布置好。这样，游戏的准备工作就做好了。

"阿尼汉特"游戏开始的时候，鄂伦春族的孩子们先把娃娃们的关系处理妥当，分好上下辈、亲属朋友等角色，然后用娃娃表演一些鄂伦春人生活中的主要事件，如出猎、打鱼、做皮活、放马、抓马、采集等。和实际生活中一样，"阿尼汉特"游戏中的鄂伦春族儿童都要听从"长者"的吩咐，一"家"有事，其他儿童都要伸手帮助。"阿尼汉特"游戏反映了鄂伦春人在自然环境中共同生活、和睦相处、团结互助的美好愿望，使孩子们从小懂得尊老爱幼、勤俭持家的重要性，更加热爱生活。

与鄂伦春族类似，达斡尔族儿童也喜欢用娃娃来玩"过家家"游戏。他们的娃娃叫作"哈尼卡"。在游戏中，孩子们用纸做房子和炕，用桦树皮做小摇车。大家一边摆放纸娃娃，一边讲述假设的生活情景。

"过家家"游戏无论是内容还是道具都质朴自然，洋溢着生活里最原始的趣味。孩子们借助丰富的想象力，把"过家家"游戏玩出了各种奇妙的花样。且听一首流传久远的儿歌娓娓唱道：

扁担扁担高啊，
扁担扁担高啊，
你挑水，我熬粥，
过家家，过家家。
小小子当爸爸，
小丫丫当妈妈，
大大树下过家家，
过家家，过家家，
不吵不闹不打架。
一群燕子飞来了，
呱嗒呱嗒，呱嗒呱嗒，
过家家！

| 儿童玩"哈尼卡" |

二、串亲戚

在平时生活中，串亲戚也是让孩子们特别高兴的事，因为既可以出门，还可以吃美食。由于年龄太小，他们没办法自己去串亲戚，于是就在游戏里模仿。参加游戏的一般是大一点儿的儿童，他们分别扮演一个家庭里的"主人"和来做客的"亲戚"。游戏的道具与日常"过家家"游戏差不多，也是一些仿真的炊具餐具、食物饮料之类。

"串亲戚"游戏最有趣的地方，就在于孩子们对家

主客寒暄

中大人迎来送往的活动进行认真模仿。游戏开始的时候，扮演"客人"的儿童提着手中的泥块、树叶当作礼品来到"主人家"所在的地方，"主人"连忙迎接，收下"礼品"，给"客人"让座，并且互相寒暄：

"您来啦？"

"来啦，家里都好吧？"

"好哇！您呢？"

"都好都好。这是给您拿的点心。"

"哎呀，来就来了，还买什么东西呀！快，请到屋里坐。"

接着就是让座、敬茶等一系列常规的待客礼节。"主人"在迎接完一位"客人"之后，再接着欢迎下一位"客人"。"客人"来齐了，"主人"便开始"煮饭""端菜""倒酒"，当然，这"饭"与"菜"也是一些树叶子、小石块以及各种各样被孩子们拿来的小杂物。

等"宾主"双方都上桌坐定，"宴会"就开始了，"主人"时不时学着大人的样子给"客人"布"菜"："您快尝尝这鸡肉，看好不好吃。""您那边够不着，多吃点。""客人"也依样对答："菜真香！""您吃您吃，我自己来。""酒足饭饱"之后，"客人们"才告辞，"主人"一直把"客人"送到"门"外，游戏就算是结束了。

三、娶媳妇

除了扮演日常过日子的情节之外，各地区、各民族的孩子们在玩"过家家"游戏的过程中，还尤其喜爱模仿"娶媳妇"或者"结婚典礼"的场景。这几乎已经成了"过家家"游戏中一个重要的类别。"娶媳妇"游戏是各地区婚俗的缩影，也反映出幼童对结婚成亲这一人生仪式的独特理解。

"过家家"游戏中的"娶媳妇"一般是十岁以下的小孩子玩，十岁以上的孩子逐渐懂事，就不好意思参与这样的游戏了。

和"过家家"一样，在"娶媳妇"游戏开始之前，孩子们也要分配角色，有的当"新郎"，有的当"新娘"，这自然是两个最受欢迎的角色。"新郎"和"新娘"被选出来之后，再由几个孩子扮演送女客，几个孩子扮演迎娶客，其余的孩子则扮演主持人、轿夫、司机或者双方亲属等角色。角色确定后，孩子们选择两个不同的地点作为男方家和女方家，游戏就正式开始了。

在中原地区儿童的"娶媳妇"游戏中，孩子们仿照中原婚俗，先让"新娘"和"送女客们"在"女方家"里等待，"新郎"则和"迎娶客们"一起前往"女方家"娶"新娘"。和串亲戚类似，"迎娶客们"来到"女方家"里之后，孩子们也会互相寒暄一番，只不过称呼变成了"亲家"：

"来了？亲家好啊！"

"您好，您好！"

"亲家请坐，请喝茶、吃糖。"

"好，不用客气。"

"收拾好了吗？"

"好啦，咱们动身吧！"

此游戏中各地儿童的对话并不相同，但都是模仿本地迎来送往的习惯用语即兴发挥的产物。

寒暄之后，"迎娶客们"在前带路，"送女客们"则簇拥着"新娘"跟随，一起去往"男方家"。迎娶的交通方式有步行、坐花轿、坐马车，也有坐小汽车。孩子们模仿电视剧或日常生活中看到过的样子，让"轿夫"或"司机"做出抬轿、开车的动作。如果是"坐轿"，孩子们就两人合作当"轿夫"，各自用右手握住左手腕，左手握住对方的右手腕，两人的双臂一起构成"8"字形。接着，"新娘"或"新郎"双脚分别跨入"8"字形空处，坐在"抬轿人"的手上，并将双手搭在二人的肩膀上。这样，"轿夫"就可以抬着"坐轿人"前进了。与此同时，孩子们还会唱些儿歌。如河北省南部的儿童往往一边"抬轿子"一边齐声喊道：

呜哩哇，呜哩哇，

娶了个媳妇没头发儿。

呜哩呜，呜哩哇，

娶了个媳妇满脸麻儿。

当大家来到预定的"男方家"时，"抬轿"的儿童们就会问："到家了没有？"这时有一人应道："到了！"大家就会猛地做出把"新郎""新娘"扔在地上的动作，逗得众人大笑。接下来就是"婚礼"仪式，在"婚礼"上，扮新娘的女孩头盖手帕，和扮新郎的男孩同时磕头。有些调皮的孩子会悄悄地来到"新郎"和"新娘"的背后，把他们一推，让他们碰个响头，又惹得一阵笑声。

"婚礼"之后，游戏要么结束，要么就进入了普通的"过日子"环节。大家盛一些泥巴、野草、树叶等当作食物，"新娘"忙着做饭，"新郎"则扮成一家之主，接待"客人"或者做些"家务"活动。其后就与普通的"过家家"游戏无异了。

在整个"娶媳妇"游戏的过程中，最受孩子们喜爱的还是"抬轿"环节。由于"抬轿"需要几个人密切合作，具有运动的趣味，因此大受欢迎。有时候，孩子们即使不玩"娶媳妇"，也要随便抬个"轿子"来玩耍，这就是"坐轿"游戏。

"坐轿"又称"打佛轿""抬花轿""骑马马"等。"坐轿"的孩子不一定扮演新娘，也可能只是单纯地享受"坐轿子"的乐趣。

| 抬小妹妹 |

在游戏中，往往是大孩子抬小孩子，男孩子抬女孩子。如果大家都差不多，就以"剪刀、石头、布"的规则决定"抬轿""坐轿"的顺序。

当"坐轿"的孩子是年龄小的幼童或者家里的小妹妹时，"轿夫们"大多一本正经、老老实实地"抬轿"，一边抬还一边逗唱：

　　抬抬、坐坐，吃个果果！
　　呜哩呜哩呐呐，
　　接个新姑娘来倒杯茶茶！

"坐轿"的小妹妹呢，也会高兴地跟着唱起儿歌来。

如果是男孩子抬男孩

子，那"轿夫"就调皮起来，不是一前一后地乱晃，就是一上一下地乱颠，这可能是模仿某些地区娶媳妇时颠轿子的传统习俗，颠得越厉害，大家越觉得有乐趣。

在山东东部，儿童把"抬轿子"的游戏叫作"搬姑姑"，这与当地迎接姑姑的习俗有密切关联。

在山东莱阳地区，每年正月十六和六月初六，侄儿、侄女就把已经出嫁的姑姑接回娘家住十天半个月，让姑姑与娘家人欢聚一堂，享受天伦之乐。如果姑姑在婆家受气或者遭受虐待，娘家人还要到婆家为姑姑辩理争气。这一风俗的历史非常悠久，每逢"搬姑姑"的日子，莱阳乡间人来人往，十分热闹。现在，"搬姑姑"

的交通工具虽然都改用摩托车、汽车了，但古代用轿子"搬姑姑"的习俗，却演变成了儿童的游戏。参加"搬姑姑"游戏的儿童和玩"抬轿子"一样，每两人抬一人，在裁判的口令下由起点跑到终点，先到者为胜。在这一过程中，不能休息，更不能把"姑姑"摔在地上，否则就是对"姑姑"不敬，要受到惩罚。

四、职业游戏

随着社会的发展，城市里的各种服务业、教育业和医疗业逐渐兴起，越来越多的城市儿童耳濡目染，试图在游戏中模仿相关职业活动。从公共汽车到理发店，从医院到菜市场，从动物园到小学校，城市儿童游戏中的职业场所日益丰富，从业角色也趋于多样化。这类游戏对拓展儿童视野、提高儿童交际能力乃至帮助他们从小树立责任意识、服务意识都有很大帮助。

1. 医院

"医院"游戏又叫"扮医生"。大多数孩子都有生病去医院看病的经历，医生、护士的打扮，医院里新奇的医疗用具，都给孩子们留下了难忘的印象。因此，"医院"游戏可以说是儿童最喜欢玩的角色扮演游戏之一。

"医院"游戏开始之前，儿童首先需要分配"医生""护士"和"病人"的角色。有时候，在老师和家长的指导下，"医生"还有挂号、看病、打针、取药等不同的分工，在有条件的情况下，还可以准备听诊器、注射器、放注射器的盘子、放棉花的瓶子、药箱、白服、白帽、药片、体温计、血压计等小道具。道具不一定是实物，也可以是纸叠的替代品等。它们的功能主要是让孩子们尽可能多地了解医院

| 扮医生 |

35

的日常工作。

进入游戏之后，孩子们就开始模仿医生和病人进行对话。比如，"医生"首先询问"病人"嗓子疼不疼、咳不咳嗽、吃饭香不香，"病人"要一一作答。随后"医生"为"病人"检查并开出诊断："你准是着凉了，晚上睡觉时没盖好被子吧？"得到"病人"的确认之后，"医生"就给"病人"开"药"、并且叮嘱他多喝热水、按时吃"药"。最后"病人"取"药"回家。

有时候，小孩子并不扮演病人，而是抱着一个洋娃娃充当小孩妈妈的角色。这样的游戏女孩子玩得比较多。小女孩抱着洋娃娃来到"医院"，说："我的孩子生病了，请您看一看。""医

生""护士"给"娃娃"量了体温，听了听心跳，说："你的娃娃需要打针。"于是，"妈妈"抱着洋娃娃来到"注射室"，"注射"的"护士"先用棉花在洋娃娃的手上擦了擦，再用一根细细的"注射器"在"娃娃"手上打了"针"，说："这是试验针。"过了一会儿，"护士"又用一支粗的"注射器"在"娃娃"的臀部打上一"针"，说："你的娃娃很快就会好起来的。"最后，"妈妈"道了谢，抱着"娃娃"回家去了。

2. 公共汽车

"公共汽车"游戏的角色主要有"司机""售票员""乘客"乃至"交通警察"。孩子们一般都想争当"司机"等有意思的角色，不愿意当没有情节的"乘客"。

在游戏开始前，大家用小椅子搭成公共汽车上的"排排坐"，让"司机"在前面开车，"售票员"在中间售票，"乘客"则坐在剩下的椅子上。"公共汽车"之外，再设立一个"交通岗"，"交警"站在"岗亭"上指挥交通。

游戏开始，"车"上的孩子们模拟汽车开动的声音，"售票员"在"车"上走来走去地卖票。每到一站，"售票员"就大声报站："XX站到了，请大家从前门上车，后门下车，先下后上，文明礼让。""汽车"停下，就有几位"乘客"下车，之后另外几位"乘客"上来。"乘客"上"车"后，"售票员"动员大家给"老人""孩子"让座，然后才关门开"车"。

｜乘"公共汽车"｜

"司机"开"车"的时候，"售票员"给大家宣传乘车文明，并且和几位熟识的"乘客"拉起了家常。"交警"则指挥着"汽车"的停与行，每当"红灯"出现，"交警"就做出相应的手势，"司机"把"车""停下"，等到"绿灯"才继续开"车"。

有时候，"公共汽车"游戏还可以拓展为"开火车"。"开火车"有时不需要复杂的道具，只要每个小朋友一只手搭着前一个小朋友的肩，另一只手模仿车轮的转动即可。扮演"火车头"的小朋友面对其他人，双手拉着他面前的小朋友的手，模仿开车的样子，一边后退一边说："开火车啦！""穿山洞了！""过大河了！""到站了！"此外，"开火车"游戏还可以设立"售票处""检票口"，分出"客车""餐车"，并增加"列车长""列车员""播音员""检修工""信号工"等职位，在沿途介绍相应的地理知识、山川景物。

3. 理发店

"理发店"也是孩子们喜欢玩的游戏。在游戏之前，孩子们需要准备塑料脸盆、镜子、玩具吹风机、梳子、洗发水瓶子、肥皂盒、剪刀、白围布、夹子等道具，并且分成"理发师"和"顾客"两种角色。

首先，"顾客"进入"理发店"。这时，"理发师"忙给"顾客"围上白围布，先是拿出杂志请"顾客"挑选发型，而后给"顾客""洗头""理发"。有时候，女

孩子扮演的顾客还需要"烫发"。负责"烫发"的孩子就更忙了，他们按照自己想象的样子，在"顾客"的头上别上发卷，或者编上辫子。过一会儿，"烫发"就做好了。"理发师"拿出一面镜子给"顾客"照照，最后热情地请"顾客"结账，将"顾客"送出门外。

4. 照相馆

照相馆在生活中虽然不是孩子们常去的地方，但由于它陈设新颖、工作有趣，也是儿童喜欢扮演的游戏主题。"照相馆"游戏的角色有"摄影师""顾客""前台接待员""冲洗修剪照片的技术员"以及"收银员"等，小小"照相师"

上漂亮的衣服，带上道具。准备好了之后，"顾客"来到"影棚"，"摄影师"按动"快门"，模拟照相的动作。随后，"冲印人员"把"照片"冲洗出来——其实是给"顾客"手动画了一张像。"顾客"付过钱，满意地取"照片"离开。

道具则有镜子、梳子、各种各样漂亮的服装，以及模拟的"小照相机"等。

游戏开始，"顾客"先到"前台接待员"那里咨询，之后去"梳妆室"梳头，换

在现代职业类的角色游戏中，无论是"医生""护士"还是"司机""售票员"，都必须各司其职、协调工作、密切配合，才能使游戏顺利进行。因此，此类游戏不但能够帮助孩子们认识社会上的各种职业，还可以让他们在扮演角色的过程中学会分工合作，培养团队精神。

高级：规则型角色游戏

|高级：规则型角色游戏|

一、垒瓜瓜园

据《史记》记载，在古代，周朝人的远祖后稷就喜欢玩农业种植的游戏："弃为儿时，屹如巨人之志。其游戏，好种树麻、菽，麻、菽美。"意思是，后稷（名弃）在年幼的时候，就有像大人物一样的远大志向，他喜欢玩种麻种豆的游戏。这说明，模仿农业劳动的儿童游戏在几千年前就出现了，历史非常悠久。

其后，种植游戏一直保留下来，并且具有多种多样的形式。南宋诗人范成大在《夏日田园杂兴》一诗中写道："昼出耘田夜绩麻，村庄儿女各当家。童孙未解供耕织，也傍桑阴学种瓜。"诗中描绘了一个大人们白天种田、夜晚纺织，孩子们虽然还不会干活，也在树荫底下学着种瓜的场景。我们知道，种瓜需要充分的日照，而孩子们在树荫下种瓜，当然只是一种模仿游戏，而非真正的生产劳动。不过，玩游戏的孩子们并不在意实际情况，他们只是单纯地乐在其中。

在今天，孩子们依然乐于玩儿和古代"种瓜"类似的游戏，而且形成了相对固定的规则。这种游戏通常被称作"垒瓜瓜园"，一般是在较为松软的土地上玩耍。

首先，孩子们分成"种瓜者"和"偷瓜者"两种角色。"种瓜"的孩子先用土打一道"围墙"，当作园子，并留一个可以出入的"门"。"园子"小的一平方米左右，大的可达两三平方米，方形、圆形都可以。接着，"种瓜者"把一些小树枝、小杂草"栽"在园子里，作为各种"庄稼"。在"庄稼"旁边的"瓜地"上，儿童用脚画出圆形，作为"甜瓜"和"西瓜"，小圆是"甜

瓜"，大圆是"西瓜"。园子里"种"满了，"瓜瓜园"就垒成了。孩子们既可以一人垒一个"瓜瓜园"，也可以几人合作垒一个。

接下来，"偷瓜者"就上场了。"看守人"守在园子旁边，"偷瓜者"走过来假意搭讪："嘛，这瓜长得不错呀，个头真大！甜不甜啊？"一边说，一边趁"看守人"不注意，迅速钻入"瓜园"，用脚抹掉一个图形，这就算是偷了一个瓜。随后，"偷瓜者"立刻逃跑，"看守人"在后面追赶，跑出几步就停止追赶，回去守护"瓜园"。稍停一停，"偷瓜者"再次来到"瓜园"，反复"偷瓜"。这样一直到将园里的"瓜"偷完，游戏就算结束了。

"垒瓜瓜园"游戏还有

"种瓜偷瓜"

一些其他的形式。在有些地方，孩子们在玩"垒瓜瓜园"游戏时，不设后面的"看瓜"与"偷瓜"部分，大家只玩"种瓜"环节，比谁的"园子"大、谁栽种的"庄稼"品种多，以此评比出"庄稼好手"。这个游戏让儿童从小就对农业劳动产生了浓厚的兴趣。

而在另外一些地区，孩子们却不重视"种瓜"部分，只玩最有趣的"偷瓜"环节。在"偷瓜"游戏中，所有参加游戏的孩子都要脱下鞋子堆成一堆当瓜，再出一名"看瓜人"，其余的孩子都当"偷瓜的"。游戏开始，一名"偷瓜"的孩子假意将"看瓜人"向外送出一段距离，趁其不备，迅速转身跑回"瓜堆"，上脚一踢，"瓜堆"就散开了，其他的"偷瓜人"急忙上前

抢鞋子，是为"偷瓜"。这时，"看瓜人"急忙返回守护自己的"西瓜"，并且捉拿"偷瓜人"，"偷瓜人"则四散奔逃。

在"偷瓜"游戏中，只要"看瓜人"能捉到一名"偷瓜的"，就算他胜利。然而，在实际玩的时候，捉拿"偷瓜贼"并非易事。往往直到所有的"瓜"都被偷完了，"看瓜人"还是一无所获，那样的话，他就输了。

二、栽南瓜

"栽南瓜"是哈尼族儿童的农业种植游戏。在游戏进行时，十几个哈尼族儿童聚集在一起，选出两个人，分别充当守瓜人和栽瓜人，其余的人就当南瓜了。

游戏开始，"栽瓜人"先是在地上模仿砍草、烧地、

挖地等一系列准备工作，接着拿一根棍子当作生产工具，以优美的舞蹈模拟种瓜时的各种动作。每当"种瓜人""种下"一颗"南瓜子"，就要有一个扮演南瓜的人去适当的位置上坐着，所有的"南瓜"形成一定的队形，表示南瓜子种到了地里。人与人之间要保持一定的距离，一般是后面的人摸得着前一个人的肩头那么远。坐在最后的则是扮演守瓜老奶奶的孩子。

准备就绪之后，"种瓜人"重新来到地里，到处查看"瓜苗"有没有发芽。看了看，他便询问"守瓜人"："奶奶，瓜苗出了没有？"

扮演奶奶的孩子按照游戏规则回答："苗没有出土呢，天太干燥了，该浇水了。"

于是，"种瓜人"就用一系列舞蹈动作完成浇水的劳动过程。

随后，"种瓜人"跳着

哈尼族儿童做游戏

自编的舞蹈绕场一周，表示又过了几天。接着再回来问："奶奶，瓜苗长得有多高了？"

"守瓜奶奶"回答："瓜苗已经长出两片叶子了。"

"种瓜人"再以同样的动作绕场一周，又回来问道："奶奶，瓜藤有多长了？"

"守瓜奶奶"回答："瓜藤有一手长了，应该施肥薅草了。"

"种瓜人"跳出自编的施肥薅草的动作。又过了一会儿，"种瓜人"再次上场，问道："奶奶，瓜藤有多长了？"

"守瓜奶奶"这才回答："瓜藤长出很长了，已经开花结果了。"

听到此话，场地里的"南瓜"变换队形，一个挨着一个地坐在"守瓜人"的前边，

形成一列长串。随后，"种瓜人"和"守瓜人"继续展开一系列的问答：

"奶奶，瓜有多大了？"

"瓜有拳头大了。"

"奶奶，瓜有多大了？"

"瓜有饭碗大了。"

"奶奶，瓜有多大了？"

"瓜有菜碗大了。"

"奶奶，瓜有多大了？"

"瓜有饭兜大了。"

"奶奶，瓜熟了没有？"

"瓜已经发黄了。"

"奶奶，我要摘一个瓜去了。"

"好吧，你摘一个去。"

得到"守瓜奶奶"的许可，"种瓜人"拿出一根棍子横在最前边那个"南瓜"面前，"南瓜"抓住棍子，"种瓜人"将他拉起来，表示摘下了一个南瓜。就这样，"南

瓜"一个一个被摘去了，最后只剩一个离守瓜奶奶最近的。于是"种瓜人"发话了：

"奶奶，我还要摘一个南瓜呢！"

可是"守瓜奶奶"却搂着这个"南瓜"说："不能摘了，这是最后一个瓜了，要留着做种子了。"

见状，"种瓜人"说："奶奶，你放心吧，种子我们会留的。"于是就把最后一个"南瓜"摘去，游戏至此就结束了。

哈尼族的"栽南瓜"游戏主要是以"栽瓜人"的表演（尤其是哈尼族特色舞蹈的表演）为主，其他人予以配合，整个过程十分有趣。对于从前的哈尼族儿童来说，他们的许多生产生活知识，就是在"栽南瓜"这样的农业生产游戏中自然习得的。

三、锔锅

除了农业活动之外，传统手工业也是古代社会的人们赖以谋生的重要行当。儿童在平时生活中对手工业劳动仔细观察，发展出了许多有趣的角色游戏。"锔锅"就是最典型的一种。

从前，锅碗瓢盆不像现在这么容易得到，人们普遍爱惜物件。如果家里的锅用漏了，人们首先想到的不是买一个新锅，而是找一个锔锅匠人把漏的地方补上。因此，村庄、城市里经常有走街串巷推车（或挑担）补漏锅的匠人，他们带着火炉子、煤块、铁屑、铁锔子等工具，吆喝着："锔锅！锔漏锅！"如果住户家中的铁锅有裂纹、漏洞，就找铗锅的工匠。工匠会在小火炉里融化铁屑，把漏洞的地方粘补锻压好。根据这个手工业行当，孩子们发明了"铗锅"的角色游戏。

｜观察工匠铗锅的孩子｜

"铗锅"游戏以至少五人（含五人）以上的单数孩子参加，从中选两个孩子分别扮演铗锅工匠和顾客，其余的人蹲成一个圆圈当锅。

游戏开始，"工匠"吆喝道："铗锅！补漏锅哟！"

"顾客"便回应道："铗锅！"

"工匠"答应了一声，做看锅状，问"顾客"："这锅怎么这么小啊？"

蹲在地上的孩子们便站起来，然后手拉手相连，将圆圈扩大，说："说大就大。"随后再蹲在地上。

"顾客"问道："铗锅要多少钱？"

"工匠"回答："一个星星，一个月亮。"

"顾客"还价道："半个星星，半个月亮吧。"

"工匠"说："好吧。"

于是"工匠"绕"锅"而行，向每个孩子身上做铗锅的动作，每过一个人，就说："一个铗子，俩铗子……"到了最后一个人，却说："青豆、黄豆，嘎巴一溜！"话音刚落，蹲在地上的孩子们急忙两两相抱，最后剩下的小孩子就输了。

输了的孩子需要接受游戏惩罚，大家每两人相对拉手高举成门状，输了的孩子从"门"下面使劲快跑，每过一道"门"，支"门"的小孩就会放手拍一下他的后背。

"锔锅"游戏不但是孩子们对传统手工业劳动的扮演，而且形成了相对固定的对话模式和游戏规则，儿童游戏的乐趣主要在于最后的"两两相抱，剩一人为输"，对锔锅、补锅本身的模仿反而弱化了。不过，这一游戏仍然为"锔锅"这一今天已经式微的古老行业保存下了珍贵的记忆。

四、筛罗罗

在农村，人们需要把小麦磨成面粉，再筛去杂质才能制作面食。现在人们普遍使用电动筛面粉机，以达到方便快捷的目的，但在古时候，现代机械尚未发明，人们只能在磨坊里使用磨盘和面粉罗完成这一手工劳动。在磨坊中，用于筛面的器具是一个木板柜子，柜子里面有个罗，罗上有个弯曲的手柄通到柜子外面。磨坊工人就站在柜子外面摇动手柄罗面，使得面粉更纯、更细腻。

每当磨坊工人进行罗面的劳动，柜子里的大罗来来回回撞击柜子内壁，"咣当、咣当"的声音总是响彻全村。这时候，村里带孩子的母亲或者稍大一点儿的哥哥姐姐们，就扯住小孩子的手推推拉拉，模仿"筛罗""打罗"的动作，和着"咣当咣当"的声音念起儿歌来。这样做的人多了，就形成了模仿筛面粉劳动的儿童游戏"筛罗罗"。

在今天，"筛罗罗"游戏不仅在磨坊旁边出现，在其他地方也广泛流传，而且随时随地都可以玩。玩"筛罗罗"的时候，大人坐着，让幼童与自己面对面站在自己双腿间，互相拉住双手，有节奏地反复一拉一送，动作犹如用罗罗面，幼童则会随着大人拉送的节奏来回用力。与此同时，大人和孩子一起念游戏歌谣。念完一首，大人一边连续重复末尾一句，一边双手快速摇晃小孩的身体，引逗小孩发笑。然后，大人、小孩再念一首新的，重复前边的拉送动作。

只要大人知道的儿歌足够多，游戏可以不断玩耍，歌谣也可以反复地唱。以下是几首经典的"筛罗罗"儿歌：

《筛罗罗》（一）

筛罗罗，打汤汤，
谁来了？姑姥娘。
拿的啥？小肉包，
一口吃个小亚腰。
小亚腰，小亚腰，小亚腰。

筛罗，罗面，
小 ×× ① 不吃家常饭，
要吃那南河里的水鸭蛋。

| "筛罗罗" 劳动 |

---

① "小 ××" 换成游戏中小孩的名字。

煮也煮不熟，

馏也馏不烂，

气得小××一头汗。

一头汗，一头汗，一头汗。

筛罗罗，打面面，

问问俺娃儿（妮儿）吃

啥饭？

吃烙馍，卷鸭蛋，

哪里有？河里有，

跟着扁嘴②只管走，

扁嘴放个秃噜屁，

给小娃儿（妮儿）崩得

拐回去。

拐回去，拐回去，拐回去。

《筛罗罗》（二）

筛罗罗，罗罗筛，

江米粽子小枣揣。

枣又甜，米又黏，

吃一口，甜三年。

甜、甜、甜。

《筛罗罗》（三）

东打罗，西打罗，

罗好白面蒸馍馍③。

蒸好馍馍给谁吃？

先给小小子儿拿一个。

东打罗，西打糠，

罗好白面擀面汤④。

擀了面汤盛一碗，

快给小小子儿先端上。

"筛罗罗"儿歌是在游戏中信口唱出来的，大人、孩子依照想到的内容有感而发，因此歌词往往十分随意。一般来讲，这类歌谣都以"筛罗罗"开头，里面唱到做饭的细节、食物的美

②扁嘴：鸭子。
③馍馍：馒头。
④擀面汤：下面条。

味、喂给孩子吃的过程，既有趣，又有助于孩子们了解"筛罗罗"以及相关的家务劳动。

有趣的是，在另外一些地区，人们将同样的游戏叫作"拉大锯"。在林业发达的地区，大人们模拟工人锯大树、大木头的动作，和"筛罗罗"一样，也是坐下来拉着孩子的双手、一拉一送地做游戏。"拉大锯"同样有

很多游戏歌谣，如：

拉大锯，扯大锯，

姥姥家，唱大戏，

接闺女，请女婿，

小外孙子也要去。

今儿搭棚，明儿挂彩，

羊肉包子往上摆，

不吃不吃吃二百。

五、寄小狗

俗话说"远亲不如近邻"，在人们的日常生活中，邻里关系也是很重要的一部

"拉大锯"

分。从前，人们一家挨一家地住在院子里、大街边，有什么事情，四邻互相招呼一声大家就来帮忙。儿童对此耳濡目染，自然发展出了很多模仿邻里交际的角色游戏。其中，"寄小狗"就是流传最广泛的一种。

"寄小狗"又称"寻狗娃儿""讨小狗"等。"寄"是寄养的意思。在实际生活中，一般家禽家畜都是有价

格的，必须通过买卖来交换，但小猫小狗被看作是人类的朋友，旧时人们宁愿用互相"寄养"的方式来交换，也不去买卖它们。因此，想养狗的人会到有小狗的人家讨要小狗，但是不给钱，就叫作"寄小狗"。孩子们模仿大人"寄小狗"的现象进行角色扮演，就成了"寄小狗"的游戏活动。

玩"寄小狗"的方法，各地区不尽相同，但参加游戏的人数至少都在四人以上。在中原地区，一个孩子扮演小狗的原主人王大娘，另一个孩子扮演来讨要小狗的人，其余孩子则扮演小狗。"小狗们"排成一行，有的站，有的蹲，"小狗"的主人"王大娘"则站在"小狗"前面。

游戏开始了，讨要"小

狗"的人来到"王大娘"面前，开口便唱：

小双铃，双双双，

开口叫声王大娘，

王大娘，吃白馍，

您的小狗寄给俺个。

当然，"小狗"是"王大娘"的。想要讨一只来养，就得多说些好话。可是，"王大娘"不愿轻易地就把"小狗"送人，便推辞道：

"俺的小狗还没有睁眼哩。"

讨"小狗"的人虽然心中沮丧，却不能表现出气恼，他走了一圈又回到"王大娘"面前，将刚才的儿歌再唱一遍，等待"王大娘"的回答。可是，王大娘却说：

"俺的小狗还不会吃食哩。"

就这样，讨"小狗"的人反复、多次地请求，而"王大娘"则找出种种理由进行推脱，如说小狗还不会走路、不会叫等。而讨"小狗"的人还是不屈不挠。直到最后"王大娘"再也想不出什么话可以推脱了，才问道：

"你要哪只小狗？"

如果讨"小狗"的人回答说"我要花狗"，那么穿花衣服的小孩就被领走了。讨"小狗"的人让"小花狗"站在一边，却转身又来到"王大娘"面前唱道：

小双铃，双双双，

开口叫声王大娘，

王大娘，吃白馍，

您的小狗再寄给俺个。

"王大娘"开始提出疑问："上次寄走的小花狗呢？"见此，讨"小狗"的人顺口编出个理由，例如：

"让人家偷走了。""得病死了。""走亲戚去了。"甚至"上学去了！"

只要能说出理由，就可以再讨走一个"小狗"寄养。这样重复多次，直到把"小狗"讨完，游戏即告结束。如果想继续玩，也可以换人当"王大娘"和讨"小狗"的人，开始下一局。

在贵州，这个游戏叫作"嘣嘣嘣，是哪个"，游戏规则和"寄小狗"大致相同。而土家族的游戏"讨狗儿"则又增添了狗妈妈的角色，由一名儿童扮演。当"狗"的原主人同意送一只"小狗"给讨"狗"人，"狗"妈妈为了防止"小狗崽"被捉，就奋起保护，而"小狗们"也大声叫喊、反抗起来。

在上海，这个游戏叫作"讨只小花狗"。玩的时候，一个人扮演讨小花狗的人，另一个则扮演狗主人张伯伯，其余孩子都在"狗主人"的后面蹲下来做"小花狗"。玩游戏的时候，讨"花狗"的人先唱：

笃！笃！笃！买糖粥，
三斤核桃四斤壳，
张家老伯伯，
问侬讨只小花狗！

"张伯伯"却回答："狗还没开眼呢。"讨"狗"人一直唱到"张伯伯"同意，就去拍每个孩子的头，直到某个孩子蹲不住了，"汪、汪"地叫起来，讨"狗"人就领着这只"小花狗"走出队伍，站到一边。接下来，讨"狗"人再回去向"张伯伯"讨另一只"小狗"。在这一版本中，游戏除了"寄小狗"原有的趣味性之外，还可以训练儿童蹲功，提高他们的身体素质。

六、捉强盗

孩子们对于追逐打闹的兴趣似乎是天生的，广为流传的儿童游戏"捉强盗"就说明了这一点。在不同的地区，"捉强盗"有"官打捉贼""官兵捉强盗""警察抓小偷"等不同的叫法，这类游戏男孩子尤其喜欢。在"捉强盗"游戏中，孩子们分成几派，有的扮演正面角色"官"或"警察"，有的则扮演反面角色"贼"或"强盗"。"官"和"贼"按照一定的规则你追我，我捉你，玩得不亦乐乎。

在陕西、河南等地，孩子们把此类游戏叫作"官打捉贼"。这个游戏一般

需要四个人玩。游戏前，大家先在四张纸片上写"官""打""捉""贼"四个字，当作道具，如果孩子太小不识字，也可以画图案表示。然后，大家把纸片撒在地上，由参与游戏的孩子去摸。

四个孩子摸到纸片以后，先不亮明身份，而是保持原有的距离不动。拿到"官"的孩子首先开腔，摆出一副架子，说："听差的，

| 摸纸片 |

赶紧把大胆毛贼给我押过来！"话音刚落，摸到"打"的孩子立刻站到"官"的身边。摸到"捉"的孩子见状，也就立刻明白了谁是剩下的那个"贼"，急忙出手捉拿。至于摸到"贼"的孩子呢，在听到"官"发令的时候，就已经准备好拔腿逃跑了。

如果"捉"将"贼"抓获，押到"官"的面前，"官"就一声令下，让充当"打手"的孩子上去打他，作为游戏惩罚。这里的打一般是打手心，大家一边打一边唱道：

打金鼓，过金桥，
奶奶庙里摘仙桃。
摘一千，又一千，
打发老奶上高山。
山上有个拨浪鼓，
卜啷卜啷二百五。
金皮条，银皮条，

问问清官饶不饶？

唱完了就听从"官"的指示。如果"官"不饶，大家就接着打，如果饶了，惩罚就算是结束了。通常来讲，游戏只打两遍，不会超过三遍，否则"贼"也会生气翻脸，游戏就玩不下去了。

而在青海地区，孩子们把这个游戏叫作"官兵捉贼"，游戏参与者可以是多个孩子。孩子们先把"官""兵""捉""贼"四个字分别写在小木牌上，"捉"和"贼"只写一个，代表这两个角色分别只有一个孩子扮演。"官"和"兵"则可以根据游戏的参与人数写很多个。接着，其中一个孩子将木牌抛向空中，大家就抢着去捡。拿到"官"牌的人是"审判"，拿到"兵"

牌的人是"警卫",拿到"捉"牌的人是"捕快",拿到"贼"牌的人是"人犯"。接下来,青海的儿童除了拿到"捉"牌的"捕快"亮明身份之外,其他三种角色都不暴露身份。"捕快"观察其他所有儿童的神色,猜测哪个儿童是"贼"就去捉他。这样,"捕快"是很容易出错的,于是,如果他错误地捉到了"官",大家就打他的手心,说:

　　倒捉官,打一千。

　　有时候,"捕快"捉到的是"兵",孩子们也打他的手心,说:

　　倒捉兵,打一躬。

　　并且让他鞠躬给"兵"道歉。但如果"捕快"正确地捉到了"贼"呢?那他可就扬眉吐气了,顺手打"贼"一拳,念道:

打"贼"

　　捉住贼,打一锤。

　　捉到了"贼",一轮游戏就结束了。那位"贼"继续把所有木牌汇集到一起往空中扔,开始重新分配角色,进行下一轮游戏。

　　在山东青岛地区,还流行一种和"官打捉贼"有些相似的"警察捉小偷"游戏。山东儿童在纸片上写的不是"官""打""捉""贼",而是"警察""小偷""失主"和"法官"，甚至还有更多角色。这几张纸片分别用石块压在一片场地内的不同地方，由参与游戏的孩子们去寻找。谁找到了写着什么字样的纸片，谁就充当什么角色。接下来就是"警察"捉"小偷"、"法官"审"小偷"的游戏活动，大家按照纸片上安排的角色，根据自己想象中捉小偷、审小偷的

过程任意发挥，仿佛一出生动的短剧一般。

另一种流行于江苏的"官兵捉强盗"游戏则具有更复杂的玩法。参加者自己决定当"官兵"还是当"强盗"，需要注意的是双方人数不能差得太多。游戏开始，"官兵"两人一组，手拉手不能放开，"强盗"则各自分散开来。等"官兵"下令

| "警察抓小偷"游戏 |

开始游戏，"官兵"们就开始捉"强盗"。"强盗"有自己的一片区域作为"老窝"或叫"老家"，如果"强盗"跑到"老窝"之中，"官兵"就不能捉他们了，否则是犯规的。

每当一组"官兵"捉住了一个强盗，被捉住的"强盗"就要插在两个"官兵"中间，变成三人携手继续追下一个"强盗"。如果三个人携手捉到下一个"强盗"，那么就变成四个人一起拉着手，直到所有的"强盗"全部被捉住为止。在这个活动中，所有"官兵"往往联合起来对"强盗"进行围追堵截，而每个"强盗"则想方设法东躲西藏，或者密切配合，当一个"强盗"陷入危难，其他"强盗"就凑近把"官兵"引开，打破封锁，解救陷入危难的小伙伴，十分讲义气。

"官兵"捉到"强盗"之后，"强盗"还有补救的余地。大家在一个场地的一角画出一个直径两米的圈子，称作"监牢"，被捉住的"强盗"就站在圈子里面，表示他们被投入"监牢"。圈子外面还安排一些"官兵"看守。"监牢"里的人站在里面脚不能出来，身体和手却可以尽量探出圈子。如果还没被捉的"强盗"过来拍到一个"监牢"内的"强盗"（身体任何部位都算），就算是把他救出"监牢"，他就可以继续参加游戏了。然而，在大多数情况下，靠近圈子的"强盗"还没等救出自己的队友，就被看守"监牢"的"官兵"捉住，反而把自己送了进去。就这样，

"监牢"中的"强盗"越来越多,直至被一网打尽。

"官打捉贼"类的游戏流行全国,不仅中原、江南和西北的孩子爱玩,西南边陲的云南儿童也玩类似的游戏。他们把这个游戏叫作"捉蟊贼"。孩子们分成"军人"和"蟊贼"两伙,游戏的情节是,一个军人捉住了一个小蟊贼,小蟊贼在军人的劝说下幡然悔悟,于是带领军人去捉更大的蟊贼。云南儿童十分喜欢玩这个游戏,大家轮流扮演军人,百玩不厌。

"官打捉贼"游戏的形式十分热闹,孩子们玩的时候,场地上遍布大呼小叫的嬉闹声。在这样的游戏中,孩子们发展了想象力,培养了运用智谋的能力,也获得了玩闹的乐趣与合作中结下的友谊。

| 孩童玩"捉强盗" |

角色游戏的功能和意义

| 角色游戏的功能和意义 |

我们已对各种游戏的功能做了简要介绍。实际上，玩角色游戏的好处并不仅限于活动身体、娱乐精神。好的角色游戏可以促进儿童认识自我和世界，锻炼儿童的社交能力，促进儿童思维发育、语言发展，并且帮助儿童了解和热爱自己民族的文化，这对儿童健康成长具有重大意义。

一、促进幼儿认识世界

在婴儿期到幼儿期的过渡阶段，角色游戏最主要的功能是让儿童区分"自我""他人"和"物品"，初步认识世界。

在玩角色游戏的时候，幼儿一方面应用已有的知识展开游戏，另一方面也将这些知识转化为行动，反复练习，并从其他小朋友那里学习新的家庭、社会经验，比如家庭里面都有哪些亲戚，社会中有什么职业，这些职业之间是什么关系等。与此同时，幼儿在玩角色游戏的过程中，还可以逐渐明白人生中存在哪些主要目标，并探索采取什么行动才能达到目标，等等。

学者的一些实验显示，比起不玩角色游戏的儿童，参加此类游戏的儿童对世界会有更加丰富的认识。同时，他们的智力发育也比较快。

识世界的作用尤其明显。因为，在扮演此类角色的时候，儿童需要运用自己的想象力和模仿能力，回忆生活中成年人相处的场景，并且进行自由发挥。通过角色互换的过程，孩子们得以体验成年人或者异性小朋友的心理状态，进一步了解"自我"与"他人"，这对他们的成长是非常有益的。

二、锻炼社交技巧

角色游戏的另一个功能，是通过模仿现实生活，再现人与人之间的关系，锻炼儿童的社交技巧。

角色游戏的开展，首先要求孩子们对角色的社会分工加以明确。无论是爸爸、妈妈，还是医生、老师，都有自己的任务和职责。接着，孩子们需要在彼此间分配角

|儿童扮演空中乘务员|

还有一些实验表明，角色游戏有助于提高孩子们解决问题的能力。

在各种角色游戏中，"过家家""娶媳妇"等模仿成年人生活的游戏促进儿童认

| 分工合作，
换位思考 |

色、安排工作、准备道具等，这就要求大家共同合作、协商一致。在游戏的过程中，孩子们总是希望演得像一点儿，这促使他们努力换位思考。由于游戏的情节随时可能改变，孩子们还需要在坚持自己正当权利的同时，学着体谅他人的感受和难处。

在以上这些互动的过程中，有的孩子能够完成得很好。他们可能会先倾听别人的意见，再提出自己的意见。每当提出一个不同的观点，他们就努力说服小伙伴们寻求认同。如果自己的意见不符合大多数小伙伴的期待，他们也会心平气和地表示接受。而社交能力不那么强的孩子，则可能激烈蛮横地顶撞他人，或者表现出一味地盲目服从。不过，玩得久了，孩子们都会互相影响，即使是一开始缺乏社交技巧的孩子，也会逐渐认识到差异的存在是正常的，由此，他们学会协调不同的观点，主动去解决人与人之间的矛盾冲突。

此外，角色游戏还可以帮助孩子们形成善良的个性和关心他人的优秀品质，并且在彼此交往中排除陌生感，互相熟悉，结下纯真的友谊。这些是比社交能力更宝贵的收获。

三、发展思维和语言能力

在角色游戏中，儿童需要运用大量的想象，并且使用语言进行交际。因此，角色游戏对儿童思维能力、语言能力的提高也是十分显著的。

在扮演一个角色的时候，孩子们不但要模仿自己见过的那些行为，而且还要设法表演从来没见过的情节，这会让他们的想象力发生飞跃。比如，当一个孩子扮演医生，他就要在模仿已知的看病、打针过程的同时，努力想象医生诊断、开药等行为并且表演出来。而在模仿哥哥姐姐的过程中，他们需要表现出更加成熟的言行。这都是激发想象力的途径。

儿童的想象力不但能够促使他们提出更多新鲜的主意引领游戏，同时也能锻炼他们的发散思维。我们知道，发散思维在现代社会十分重要，一个拥有发散思维的人，往往能够对同一个问题提出更多的解决方案，体现更高的创造性。和不玩角色游戏的儿童相比，玩过很多角色游戏的儿童，往往在处理事物和安排道具名称等方面更有经验，体现出更强的思维发散能力。

与此同时，角色游戏也能提高儿童的语言能力。在角色扮演游戏中，儿童往往需要记住各种儿歌和问答的词句，在从记住到背出的过程中，儿童无意间使用了更加复杂、明确的话语。此外，角色游戏还有助于提高儿童理解、创编故事的能力以及对故事情节顺序的记忆力。

最后，角色游戏对儿童了解自己的文化，乃至产生文化认同感和自豪感也是很重要的。"过家家""娶媳

| 激发儿童想象力 |

妇"等游戏融入了民族、地区文化中的重要元素，通过模仿日常生活或重大庆典，孩子们对本民族、本地区的人生礼仪进行了提前的体验。即使以后远离自己生长的故土，去往遥远的异乡，他们依然会记得小时候扮演过的那些有趣的职业，种过的"瓜"和"果"，唱过的母语儿歌。这些都深植于他们的心中，和闪光的童年印象一起，凝结成难忘的文化记忆。

图书在版编目（CIP）数据

角色游戏 / 朱佳艺编著. -- 哈尔滨 ： 黑龙江少年
儿童出版社，2017.12（2021.8 重印）
　（记住乡愁 ： 留给孩子们的中国民俗文化 / 刘魁立
主编）
　ISBN 978-7-5319-5624-2

　Ⅰ．①角… Ⅱ．①朱… Ⅲ．①游戏－中国－青少年读
物 Ⅳ．①G898-49

中国版本图书馆CIP数据核字(2017)第328117号

记住乡愁——留给孩子们的中国民俗文化　　　　刘魁立◎主编

角色游戏　JUESE YOUXI　　　　朱佳艺◎编著

出 版 人：商　亮
项目策划：张立新　刘伟波
项目统筹：华　汉
责任编辑：李春琦
整体设计：文思天纵
责任印制：李　妍　王　刚
出版发行：黑龙江少年儿童出版社
　　　　　（黑龙江省哈尔滨市南岗区宣庆小区8号楼 150090）
网　　址：www.lsbook.com.cn
经　　销：全国新华书店
印　　装：北京一鑫印务有限责任公司
开　　本：787 mm×1092 mm　1/16
印　　张：5
字　　数：50千
书　　号：ISBN 978-7-5319-5624-2
版　　次：2017年12月第1版
印　　次：2021年8月第3次印刷
定　　价：35.00元